VEDEL (le Lieutenant-Général, Comte de).

Égards et justice pour tous.

INPRIMERIE DE MADAME DE LACOMBE,
rue d'Enghien, 12.

NOTICE BIOGRAPHIQUE

SUR

M. LE LIEUTENANT-GÉNÉRAL

COMTE DE VEDEL,

AVEC DES ÉCLAIRCISSEMENS ET DES DÉTAILS HISTORIQUES

sur

LA CAPITULATION DE BAYLEN,

ET PRÉCÉDÉE D'UN HISTORIQUE SUR

LA MAISON DE VEDEL.

Extrait de la Revue générale biographique,
politique et littéraire,
(Livraison de Juin 1844),
PUBLIÉE SOUS LA DIRECTION
DE M. E. PASCALLET.

Deuxième Édition.

PARIS. — 1844.

VEDEL (Maison de).

Les recherches sur les familles historiques
deviennent extrêmement difficiles, pour ne pas
dire impossibles, lorsqu'on remonte au-delà du
onzième siècle, époque vers laquelle commen-
cèrent à s'établir les noms héréditaires. Jusqu'a-
lors les noms, qu'ils fussent d'institution chré-
tienne ou d'origine barbare, étaient purement
personnels, comme chez les Juifs et chez les
Grecs anciens, comme ils le sont encore aujour-
d'hui chez les Musulmans et chez certaines po-
pulations arriérées, parmi lesquelles on cite
l'île d'Elbe, la campagne de Trieste, etc. Les
noms de famille ne s'introduisirent en Europe que
du dixième au douzième siècle, sous l'influence
de plusieurs causes qu'on peut ramener à deux
principales : l'hérédité des fiefs et l'affranchisse-

ment des communes. La première constitua les
noms nobles en les empruntant à la terre et en
les faisant passer comme elle du père aux en-
fans. La seconde constitua les noms roturiers,
en faisant sentir aux individus de cette classe, le
besoin de se grouper en famille par le lien d'un
nom commun, pour mieux assurer le bénéfice
de leurs conquêtes récentes. Pour les études gé-
néalogiques sur les temps antérieurs, les textes
viennent rarement en aide, et l'on se trouve le
plus souvent sur le terrain des traditions, si ce
n'est sur celui des hypothèses.

Ces courtes réflexions préliminaires ne nous
semblent pas inutiles, relativement au sujet que
nous avons à traiter. La maison de VEDEL, bien
qu'elle ne possède des documens sans interrup-
tion et une filiation suivie qu'à partir de 1200,
remonte évidemment à une époque bien anté-
rieure, ainsi que l'indiquent les traditions, le
blason et les textes.

Vedel, *Wedel*, *Weddell*, *Vidil* était le nom
d'une divinité adorée chez les anciens Saxons.
D'après les anciennes chroniques, un grand nombre de lieux de ce pays, villes ou villages, prirent ce nom et le conservèrent après la chute
du culte de l'idole, probablement en souvenir
des autels qu'elle y avait possédés. Ainsi on lit,
dans divers textes, que « Charlemagne fonda
» l'évêché de Hambourg lorsqu'il s'avança jus-
» qu'à la petite ville de *Wedel*, pour combattre

» les Danois ; » que Louis-le-Germanique exila un évêque à *Velano de Vilhele*, qui est Wedel, près de Hambourg ; que Henri-l'Oiseleur fixa la frontière de la Marche septentrionale à *Soll-Wedel*, contre les Vandales, etc.

Charlemagne, à la tête des héros franconiens, fit la guerre aux Saxons. Parmi les compagnons du grand empereur, se trouvaient (et ici nous avons recours à une tradition très ancienne dans la famille dont nous parlons) de vaillans hommes qui prirent plusieurs villes du nom de Wedel, ou dans lesquelles l'idole était adorée, et qui, en récompense de leurs exploits, reçurent le nom de WEDEL et la permission de porter sur leurs boucliers l'image de la divinité dont ils avaient brisé les autels (1). Depuis, cette famille se divisa en plusieurs branches, qui se répandirent en différens pays, et virent leur nom prononcé et écrit de diverses manières, suivant l'usage des lieux où elles s'établirent : *Vedel* en France, *Wedel* en Allemagne, *Weddell* en Angleterre, etc.

C'est d'ailleurs, en Allemagne, que cette maison eut surtout une grande influence, souvent même une grande puissance. Ainsi plusieurs de

(1) A une époque assez récente, une image de Wedel a été retrouvée dans le couvent de Colbatz, en Poméranie. Elle est parfaitement semblable à celle que la maison de Wedel a toujours portée dans ses armoiries.

ses membres furent conseillers des margraves de Brandenburg ; d'autres eurent des propriétés considérables en Westphalie. La famille était déjà en possession, en 1200, de grandes terres dans la Marche nouvelle, en Poméranie ; elle y avait fondé des villes, et on citait comme des héros et de brillans capitaines les Wedel de Mecklenburg et de Lubeck. — Lorsque fut dissous l'ordre des Templiers (dont beaucoup de Wedel firent partie), une portion considérable de ses possessions retourna à leur famille, qui était aussi riche que puissante, et dont les membres, dès cette époque, sont qualifiés dans les actes *potentes viri*. — Plus tard, les jésuites, auxquels la famille de Wedel donna des terres considérables en Pologne, témoignèrent leur reconnaissance à leur manière, en faisant remonter cette famille à l'empereur romain *Vitellius*; cette antique origine est chantée dans un grand nombre de poésies de l'époque ; il est bien entendu que nous ne l'indiquons que pour ce qu'elle vaut, et qu'à nos yeux elle ne prouve qu'une chose, le respect et la considération dont la maison de Wedel était entourée.

Un grand nombre de documens attestent que, dès le treizième siècle, elle était alliée à l'Ordre teutonique, où ses membres, réunis pour un même but, sont nommés : *Turbula Wedelorum*. Des traités remarquables, relatant les services qu'elle rendit à l'Ordre, prouvent en même temps qu'elle pouvait faire la guerre aux pays étrangers, sans l'autorisation de son propre souverain. L'empereur Charles IV, comme électeur, confirma les priviléges de la maison de Wedel, et renouvela les lettres d'investiture que Louis-le-Romain lui avait accordées pour la cession, par elle consentie, de terres immenses qui comprenaient presque toute la Marche nouvelle d'alors, dont quelques parties appartiennent maintenant à la Poméranie.

Les seigneurs de Wedel ont fait la guerre aux ducs de Glogau, de Poméranie, de Pologne. L'Ordre teutonique, sous Job de Moravie, s'empara de la Marche nouvelle comme dette hypothécaire, et voulut régner sur elle de la manière absolue dont les Wedel l'avaient fait jusqu'alors. A cette occasion, ceux-ci perdirent beaucoup de terres et de priviléges ; ils furent obligés de céder plusieurs places fortes, entre autres Schiefelbein, Custrin et les environs ; ils durent rendre foi et hommage pour les fiefs qu'ils tenaient de l'Ordre, quoique, dans l'Ordre même, il y eût des dignitaires appartenant à leur famille. — Lorsque la maison de Hohenzollern monta sur le trône des électeurs de Brandenburg et retira la Marche nouvelle des mains de l'Ordre teutonique, les Wedel se montrèrent aussi récalcitrans envers cette dynastie qu'ils l'avaient été envers l'Ordre, ne voulant reconnaître à aucun souverain le droit d'acheter un pays où ils possédaient les plus grandes propriétés, sans qu'il se fût préalablement montré digne d'y régner. Les Wedel furent les derniers à prêter serment.

Pendant ces combats malheureux dans la Marche nouvelle, la maison de Wedel s'agrandissait en Pologne, en Poméranie, en France ; elle obtenait des priviléges, des titres d'honneur et la libre possession de terres considérables.

Il n'est peut-être pas une famille qui se soit divisée et subdivisée autant que celle dont nous nous occupons : il est peu de pays en Europe dans lesquels on ne trouve une ou plusieurs de ses branches, toujours étendues, toujours considérées, souvent puissantes. On en voit en Franconie, en Saxe, en France, en Mecklenburg, en Lubeck, en Poméranie, dans la Marche nouvelle, en Westphalie, en Brandenburg, en Pologne, en Danemarck, en Suède, en Angleterre, en Prusse, partout. Dans tous ces pays et à toutes les époques, les Wedel eurent de brillantes positions. Aux cours des ducs de Poméranie, des électeurs de Brandenburg et de Pologne, ils furent maréchaux du conseil supérieur, maréchaux de la cour, maîtres des cérémonies, grands écuyers, capitaines du château, gouverneurs des princes, grands baillis, chanceliers, capitaines de troupes, châtelains, starostes, ambassadeurs, capitaines de l'empire, gonfalons, etc., sans compter que plusieurs d'entre eux furent des savans, des voyageurs, des historiens, des poètes, etc.

Les deux premiers rois de Prusse les élevè-
rent aux plus hautes charges civiles et militaires. Lors de l'occupation de la Prusse occiden-
tale, Frédéric-le-Grand mit à profit leur ancienne
grandeur ; dans le manifeste écrit à cette occasion, il déclara ses droits sur ce pays par ses
vassaux, les seigneurs de Wedel, qui y avaient
de grandes propriétés. Il les honore du titre de
comte, et, dans ses écrits, de ceux de Léonidas,
Hector, dictateur, etc.

Aujourd'hui encore, malgré les pertés qu'elle
a faites, la maison de Wedel n'est pas sans pré-
senter quelque puissance en Prusse. Comme nous
venons de le dire, elle a le titre de comte ; divisée en plusieurs lignes, elle possède beaucoup
de châteaux en Poméranie, des fiefs dans la
Marche nouvelle, des terres dans la Prusse occi-
dentale et dans l'ancienne Pomérélie, des fiefs et
des terres considérables dans l'Ukermarch, une
grande terre noble en Saxe, un comté en Silésie.
Ses membres sont officiers dans l'armée, et plusieurs y sont pourvus de grades élevés.

En Suède et en Danemarck, plusieurs Wedel
se distinguèrent dans la guerre de trente ans,
furent nommés comtes, reçurent de grandes propriétés et devinrent fondateurs de nouvelles lignes, qui prirent les noms de Wedel-Wedels-
burg, Wedel-Fries, Wedel-Jarlsberg. Leurs propriétés sont considérables : les comtés de We-

delsburg, de Jarlsberg, des terres nombreuses dans le Jutland et dans les duchés.

En Angleterre, deux branches portent le surnom de Robinson, le titre de vicomte et possèdent la pairie. Ceux qui ne portent pas le surnom sont *sirs*.

En Hânovre, les Wedel portent le titre de comtes d'Evenburg, Hesse, etc. ; ils possèdent la seigneurie d'Evenburg et de grands majorats en Ostefrise.

Les armoiries des Wedel ont, comme leur nom, subi de nombreuses modifications ; mais on y trouve toujours l'image principale, l'idole : un torse sans tête et sans bras, surmonté d'un soleil, ou entouré de rayons, d'étoiles, d'une roue dentée en dehors.

Les Vedel de France conservent, comme toutes les lignes de leur famille, leur arbre généalogique. Il commence à l'année 1207, par Pierre de Vedel, consul de Nîmes. Cette généalogie est accompagnée de traditions antérieures et de documens constatant la parenté des Vedel de France avec les nombreuses branches que leur maison a produites. Dans notre pays, cette famille s'est divisée en deux lignes : les Vedel de Montel et les Vedel de Mongrémier ; elles portent les titres de comte et de vicomte. Bien que les guerres de religion et la révolution de 1793 les aient dépouillées de terres considérables, elles ont encore, néanmoins, de grandes propriétés dans le midi de la France et dans les Etats du roi de Sardaigne. En 1807, le lieutenant-général comte de Vedel, dont nous allons retracer la vie, reçut de Napoléon un majorat en Westphalie, le comté de Lichtemberg, que le traité de 1814 rendit au duc de Brunswick.

Les armes des Vedel de France sont : écartelé, au premier d'azur à l'épée d'argent, la pointe en haut ; aux deuxième et troisième, d'argent au lion rampant, lampassé et armé d'un sabre, le tout de gueules ; au quatrième, de pourpre chargé en chef de trois étoiles d'argent posées une et deux, en fasce deux serpens contrepassans d'or, en pointe d'un serpent de même se mordant la queue ; sur le tout, en cœur, un écusson de sable, au buste sans tête ni bras d'idole saxonne, d'argent, à trois seins, surmonté d'un soleil d'or.

VEDEL (lieutenant-général comte de).

VEDEL (*Dominique - Honoré - Antoine - Marie* , comte *de*), lieutenant-général, commandeur de la Légion-d'Honneur, chevalier de Saint-Louis, etc., est né à Monaco, le 2 juillet 1773. Ses ancêtres avaient presque tous appartenu à l'armée, et, déjà sous Louis XIII, ils étaient propriétaires d'une compagnie qu'ils entretenaient à leurs frais. Son père, capitaine au régiment du Maine, obtint de le faire inscrire dès l'âge de dix ans, et, en 1787, il fut nommé sous-lieutenant dans ce même régiment, après avoir fourni les preuves de noblesse exigées à cette époque. Lieutenant en 1791, capitaine en 1792, il fit, à l'armée du Nord, la campagne de cette dernière année, et se distingua particulièrement à l'affaire de Wirton. L'énergie avec laquelle il résista à l'insurrection des régimens contre leurs anciens of-

ficiers, faillit lui devenir funeste, et il eût inévi-
tablement perdu la vie, si Masséna ne l'eût sau-
vé, en accourant à son secours et en l'entourant
d'un bataillon des gardes nationales du Var,
dont il avait le commandement. En 1793, le capitaine Vedel reçut sous ses ordres une compagnie franche et fit la campagne de Corse, dans
laquelle il fut mis à la tête de toutes les compagnies franches réunies, qui remportèrent de si
grands avantages sur les Anglais ; sa troupe fut
chargée du service de l'artillerie pendant les différens siéges entrepris par l'ennemi. Il se fit surtout remarquer à celui de Calvi, où il soutint et
repoussa l'assaut dirigé contre le fort Motzello,
dont la brèche était praticable et les canons dé-
montés. Nuit et jour à la tête des troupes, sur
les batteries qu'elles servaient, il fut grièvement
blessé d'une balle à la joue, dans l'une des nombreuses sorties qu'il exécuta.

A peine guéri de sa blessure, le commandant
Vedel fut appelé à l'armée d'Italie et adjoint à
l'état-major-général. Au passage du Pô, à celui
de l'Adda, aux affaires de Lonato et de Salo, il
donna les preuves d'un brillant courage : plusieurs missions importantes lui furent ensuite
confiées, desquelles il s'acquitta avec intelli-
gence et succès. Désigné pour traverser *seul* la
droite du Tyrol et se mettre à la recherche d'Augereau et de sa division, il les ramena sur l'Avis.
Lors du passage de la Brenta, il enleva, à la tête

du premier régiment de hussards, six cents hommes aux Autrichiens, s'empara de leur parc de réserve et entra le premier dans les villes de Feltre et de Bassano. Le 11 septembre 1798, à l'affaire de Cerea, il opéra une diversion utile aux mouvemens de notre armée, en exécutant avec vigueur l'ordre qu'il avait reçu de se porter, avec vingt-cinq chasseurs à cheval, à Sanguinetto, où il n'arriva qu'après avoir traversé et mis en déroute trois escadrons ennemis, échelonnés sur le chemin qu'il parcourait. A Rivoli, il fut grièvement blessé en défendant, à la tête du troisième bataillon de la dix-septième demi-brigade, la chapelle San-Marco, position très importante qu'il avait enlevée à la baïonnette quelques heures avant. Le 6 germinal an VII, commandant les grenadiers réunis de la division Grenier, Vedel, après des traits d'une bravoure inouie, força les retranchemens autrichiens à Bussolengo, reçut plusieurs blessures graves, eut une jambe cassée, un cheval tué sous lui et fut laissé pour mort sur le champ de bataille. Mis à l'ordre du jour de l'armée, sa conduite lui valut le grade de colonel, et, quelque temps après, le commandement du dix-septième régiment d'infanterie légère, qu'il conserva plusieurs années, et dont il dirigeait un bataillon à Rivoli, ainsi que nous venons de le dire. En l'an VIII, à l'armée d'Italie, en l'an IX, aux armées de réserve et des Grisons, le dix-septième et son colonel se conduisirent brillamment : le 10 nivôse an IX, dans un engagement très vif avec les Autrichiens, au mont Thonal, Vedel les défit complètement, se rendit maître des redoutes et fit un grand nombre de prisonniers. Cependant, dès l'an VIII, les batailles et les victoires avaient considérablement affaibli cette brave demi-brigade ; on y incorpora cinq compagnies de chasseurs de la Haute-Loire, du Puy-de-Dôme, du Var, de l'Ardèche et des Bouches-du-Rhône : grâce aux connaissances et à l'infatigable activité du colonel, la réorganisation fut prompte autant qu'intelligente, et, dès cette époque, le dix-septième joignit à sa vieille réputation de bravoure celle d'une tenue irréprochable, d'une discipline exemplaire, ce qui le mit au rang des plus beaux et des meilleurs régimens de l'armée. En l'an X, il était au camp de Boulogne, faisant partie de la division du général Suchet ; dans l'une des premières revues du premier consul, le colonel Vedel eut l'honneur d'être complimenté par lui sur les manœuvres et l'ensemble de son régiment, et, en d'autres circonstances, sur sa conduite dans plusieurs engagemens avec les Anglais.

Cependant la campagne de 1805 s'ouvrit, et la division Suchet passa au cinquième corps de la grande armée, commandé par le maréchal Lannes. Ici se place un fait d'armes du colonel Vedel, que nous devons raconter en détail, car il fut l'un des plus beaux de cette glorieuse époque de l'empire. Ulm et Memmingen étaient devenus les deux points d'appui des opérations de l'armée autrichienne, commandée par le maréchal Mack. Pendant que le duc de Dalmatie assiégeait Memmingen, l'empereur s'approchait d'Ulm et son premier soin était de s'emparer des hauteurs qui avoisinent la ville. Le 12 octobre, le colonel Vedel reçut l'ordre de se porter sur ces hauteurs, et en quelques instans, il enleva de vive force les redoutes avancées du Frauensberg et força les Autrichiens, qui les abandonnèrent, d'effectuer leur retraite sur la ville. Emporté par son ardeur, il se mit à leur poursuite. Une pluie abondante rendait impossible à notre infanterie l'usage de ses armes à feu ; il ne lui restait que la baïonnette, cette arme terrible de l'impétuosité française. La mitraille ennemie, protégée par les batteries de la ville, pleuvait sur la route du colonel Vedel. Malgré ce feu, malgré une grêle de pierres et de poutres, ayant eu déjà deux chevaux tués sous lui, il met sa troupe en colonne, pousse l'ennemi la baïonnette dans les reins, lui fait douze cents prisonniers, le charge avec une telle vigueur, qu'il entre avec lui dans la place, s'empare de ses canons, de ses caissons, les culbute des bastions dans les fossés, et l'oblige à quitter les remparts. Huit mille Autrichiens mettent bas les armes et, chose inouie, une poignée d'hommes fut au moment de les faire poser à une armée entière, retranchée et renfermée dans une ville fortifiée. Les soixante-quatrième et quatre-vingt-huitième régimens de ligne avaient été désignés pour appuyer l'attaque du colonel Vedel, et Lannes les mettait déjà en mouvement dans ce but, lorsque l'empereur, qui savait dans Ulm une force de vingt-cinq à trente mille hommes, se refusa à engager ces troupes. Alors seulement, les Autrichiens, voyant que Vedel n'était pas soutenu, revinrent de leur stupeur, se jetèrent sur leurs armes déjà déposées en faisceaux, entourèrent leur vainqueur et ses vaillans soldats, qu'ils firent prisonniers. Mais, le lendemain, la ville fut rendue par Mack et ces braves furent délivrés. L'empereur fit appeler Vedel, lui témoigna sa satisfaction pour sa conduite et celle de son régiment, lui exprima le regret d'avoir *arrêté le mouvement des troupes qui auraient rendu son fait d'armes un des plus beaux traits de l'histoire*, et, joignant la récompense à l'éloge, lui dit en le congédiant : *Adieu,* GÉNÉRAL.

M. de Vedel fut rendu cependant au brave dix-septième, qui le reçut avec des cris d'allégresse. Bientôt il reçut l'ordre de se porter à Wischau, sur la gauche de Schlapanitz, où, pendant trois jours, il tint la campagne, avec son seul régiment, contre toute l'armée russe. La campagne tirait à sa fin; quelques jours encore, et la bataille d'Austerlitz devait la terminer avec éclat. Le 9 novembre, l'empereur venait à toute bride du côté de Schlapanitz.

« Quel est ce régiment? » — dit-il en se retournant vers son état-major.

« — Sire, le dix-septième léger, colonel Vedel. »

A ce nom, Napoléon fit faire halte devant la troupe, et s'exprima ainsi :

« Officiers, sous-officiers et soldats du dix-
» septième !

» Je vous confie le poste de Santon : ce poste
» est le plus important de l'armée, vous le dé-
» fendrez. Je n'ai pas oublié vos anciens servi-
» ces en Italie, à Castiglione. Que les aînés de
» ce temps-là disent à leurs cadets ce qu'ils ont
» fait, et les animent du même esprit. Je le ré-
» pète : ce poste est le plus important de l'ar-
» mée ; vous le défendrez, dussiez-vous y être
» tués tous. Au surplus, soyez tranquilles, je
» veillerai sur vous. J'espère que la journée de
» demain sera belle, et que vous ferez aux *Rus-
» siens* ce que vous avez fait aux Autrichiens à
» Ulm. Allez! »

La bataille ne fut pas livrée le lendemain ainsi qu'on le pensait, mais le 2 décembre seulement. Jusque-là, il n'y eut que des engagemens partiels. M. de Vedel profita de ces loisirs pour assurer la position qui lui était confiée et dans laquelle il devait servir de pivot à l'aile gauche de l'armée. Il poussa les travaux avec une telle activité que, le 14, son régiment y était retranché, l'artillerie montée à force de bras, quatorze pièces en batterie, toutes préparées pour recevoir l'ennemi vigoureusement. C'est, en effet, ce qui arriva. Le 2 décembre, jour anniversaire du couronnement, la grande bataille fut livrée ; Austerlitz, ce pauvre petit village perdu dans les plaines de la Prusse, devint un lieu historique. En combattant victorieusement, avec le dix-septième, contre cinq à six mille Russes, pendant toute la journée, le colonel de Vedel prit une part, et non la moins brillante, au succès de cette mémorable affaire.

Après les deux campagnes de Vienne, M. de Vedel, sa promotion au grade de général ayant été ratifiée, prit le commandement d'une brigade dans la division Suchet, sous les ordres du maréchal Lannes, et fit la campagne de Prusse. Il rendit de nouveaux services, le 10 octobre 1806, à la bataille de Saalfeld, où il contribua puissamment à la défaite de l'avant-garde ennemie, commandée par le prince Louis de Prusse, défaite dont le résultat fut très important pour l'armée française. A Iéna, sa brigade fut tenue en réserve sous les ordres immédiats de l'empereur ; l'aile droite des Prussiens, commandée par le général Blucker, résistait à tous les efforts du maréchal Augereau ; aussitôt Napoléon lança Vedel sur cette position, qui fut emportée après une vive résistance. Le général fit un grand nombre de prisonniers et poursuivit l'ennemi, ce même jour, jusqu'à Weimar. Le 26 décembre 1806, à la bataille de Pultusk, le général Vedel, à la tête de sa brigade, enleva, après plusieurs charges, les deux premières lignes russes et une batterie de douze canons : grièvement blessé dans cette action, d'une balle au genou, il continua néanmoins à combattre, et ne censentit à quitter le champ de bataille, qu'a près avoir été renversé de cheval par un biscaïen.

Après la bataille d'Eylau, le général de Vedel fut nommé gouverneur de l'île de la Nogat et de la place de Mariemburg ; déployant là l'activité dont il avait déjà donné tant de preuves, il fit relever les fortifications de cette ancienne ville, démantelées depuis Charles XII, l'approvisionna et put ainsi se rendre utile à la grande armée (cantonnée alors sur la Passarge), en lui fournissant des subsistances et des chevaux de remonte. L'empereur récompensa ses services en lui donnant le commandement par intérim d'une division dans le corps d'armée du maréchal Lannes, nommé corps de réserve, qui fit le service d'avant-garde pendant toute cette campagne. A l'attaque de Gustadt, il poursuivit les Russes à la tête de cette division, dont il dut remettre aussitôt le commandement entre les mains du général Verdier, arrivé de Naples en toute hâte.

M. de Vedel reprit alors celui de sa brigade, composée du douzième léger et du troisième de ligne. Le 10 juin 1807, à Heilsberg, il reçut l'ordre de marcher sur l'armée russe, en colonne d'attaque et à la baïonnette : il l'exécuta avec une si rare et si heureuse témérité, qu'il s'empara des redoutes, opiniâtrement défendues pendant toute la journée, ce qui força les Russes à évacuer Heilsberg dans la nuit. Bien des braves trouvèrent la mort dans cette brillante attaque ; tous les officiers de l'état-major y furent tués ou blessés, et le général lui-même, après avoir eu ses habits criblés de balles et de biscaïens, y reçut deux blessures graves qui, cependant, ne l'empêchèrent pas de combattre, quatre jours plus tard, à Friedland, où, après avoir renforcé le centre de la ligne de bataille, il se transporta à la droite avec un régiment, chargea l'ennemi, revint au centre et tint la ligne d'attaque depuis deux heures du matin jusqu'à onze heures du soir. Il eut deux chevaux tués sous lui et fut encore blessé ; mais il reçut à plusieurs reprises les félicitations de Lannes et de l'empereur, qui l'éleva au grade de général de division, distinction d'autant plus flatteuse que pendant cette savante et pénible campagne, elle ne fut accordée qu'à lui et au général Ruffin, officier du plus rare mérite. Après la bataille de Friedland, le général Vedel quitta la grande armée pour aller prendre le commandement d'une division dans le deuxième corps de la Gironde, qui entra en Espagne aussitôt après son organisation (1).

(1) Voici les lettres de service données, à cette occasion, par l'empereur au général Vedel :

« Napoléon, etc.,

» Ayant à nommer un général de division, pour être

Cette nouvelle mission fut pour lui un grand malheur, car il fut, à sa suite, impliqué dans la triste affaire de Baylen. — Nous avons à retracer ici l'une des pages les plus lamentables de notre histoire, cette honteuse capitulation qui fut le premier désastre de nos armes depuis la république, qui dépouilla le drapeau tricolore de sa virginité de gloire et du prestige vainqueur qui l'avait entouré jusque-là. L'histoire ne trouvera jamais des paroles assez sévères pour flétrir les stipulations funestes qui firent rendre les armes, en pleine campagne, à vingt mille soldats français, qui firent pleurer à l'empereur des larmes de sang sur ses aigles humiliées, sur l'honneur outragé de ses armées, et qui furent peut-être l'une des causes les plus actives des malheurs qui survinrent plus tard. Le mystère dont on a cherché à entourer les évènemens de Baylen, la disparution des pièces de la procédure ont long-temps empêché la publicité de s'emparer de cette funeste affaire. Aujourd'hui

» employé en cette qualité et commander la deuxième
» division du deuxième corps de la Gironde, sous les or-
» dres du général Dupont, commandant en chef de ce
» corps, a fait choix de M. Vedel.

» Il est en conséquence ordonné, etc.

» Fait à Paris, le 3 novembre 1807.

» Pour l'Empereur :

» *Le Ministre de la guerre*, CLARCKE. »

ces obstacles ne sont pas encore entièrement le-
vés; mais on peut cependant faire la part de
tous ceux qui ont contribué à ce désastre. Nous
allons donc reproduire sommairement les faits
qui ont précédé la capitulation, et discuter la part
qu'y prit le général Vedel.

Parti de Madrid vers la fin de mai, pour se
porter sur Cadix, le général Dupont, à la tête de
sept à huit mille hommes, était arrivé à Cordoue le 7 juin, et attendait, pour se porter sur
Séville, l'arrivée d'un renfort que devait lui envoyer Murat, commandant en chef à Madrid.
Pendant ce temps, la junte de Séville, informée
de l'occupation de Cordoue, venait de rassem-
bler quarante mille hommes et les dirigeait sur
ce point, sous les ordres de Castanos. Devant ces
forces supérieures, Dupont dut évacuer Cordoue
et se reployer sur Andujar, derrière le Guadalquivir, au pied de la Sierra-Moréna, pour de-
meurer en communication avec Madrid, d'où
Savary, qui remplaçait Murat, lui envoyait un
renfort de huit mille hommes. Son mouvement
fut achevé le 18 juin.

Le 19, sur l'ordre de Savary, Vedel quittait
Toléde avec sa division, pour se porter à la
rencontre de Dupont, par la Manche et Pena-
Perros, où il rencontra et culbuta un corps de
trois mille insurgés qui voulaient lui disputer
le passage. Le 28, il arrivait à la Caroline, et le

29, il établissait son quartier-général à Baylen, après avoir laissé dans les défilés les postes nécessaires pour entretenir la correspondance avec la Manche.

Pendant ces mouvemens, une nouvelle division, celle du général Gobert, était aussi partie de Madrid, sur l'ordre du duc de Rovigo, et était venue prendre position à la Caroline. Andujar, Baylen et la Caroline, sont situés sur la route de Séville à Madrid, et protégés par le Guadalquivir, qui la traverse un peu au-dessous d'Andujar. Cependant, Castanos remontant le Guadalquivir sur la rive gauche, se trouva bientôt en face de Dupont, qui fit prévenir Vedel, à Baylen, de ce mouvement, et lui demanda une de ses brigades pour renforcer le poste d'Andujar, déjà débordé vers la droite. C'était le 15 juillet : Vedel partit aussitôt, laissant à Baylen le général Gobert, qui s'y était porté par ordre de Dupont, et au gué de Mengibar, sur le Guadalquivir, deux mille hommes qu'il y avait établis, sous le commandement du général Ligier-Bélair, pour défendre ce passage. Vedel arriva à Andujar le 16, à dix heures du matin, et, à la vue de ses troupes, l'ennemi, qui avait attaqué dès la veille, diminua peu à peu son feu, et le cessa ensuite entièrement. Cette attaque n'avait pour but que de couvrir un autre mouvement des Espagnols. En effet, ce même jour, 16 juillet, et pendant que Vedel était en marche pour rejoindre Dupont,

douze mille hommes des troupes de Castanos,
sous le commandement du général suisse Reding, attaquaient Ligier-Bélair à Mengibar, for-
çaient le gué et culbutaient les troupes françaises, qui se retiraient sur Baylen. Gobert quitta
alors cette position pour repousser l'ennemi,
et il y parvenait déjà, lorsqu'il fut mortellement
blessé; le général Dufour, qui le remplaça, ramena les troupes en avant de Baylen, afin de
couvrir ce point; mais ne se voyant point suivi
par les Espagnols, il crut qu'ils manœuvraient
pour le tourner et abandonna Baylen, pour se
porter sur la Caroline, afin d'empêcher que les
communications avec Madrid ne fussent cou-
pées.

Le soir même, Dupont ordonna à Vedel *de partir pour Baylen, de se joindre à Dufour, de repousser l'ennemi sur Mengibar, de lui faire re-
passer le Guadalquivir, de l'attaquer s'il était à
Baëza, et enfin de revenir sur Baylen, et de là
sur Andujar, en laissant des postes pour garder la
position de Baylen.*

Arrivé à Baylen le 17, à huit heures du matin, M. de Vedel trouva cette position évacuée.
Ignorant également la position du général Dufour et de l'ennemi, il expédia dans toutes les di-
rections des reconnaissances, dont l'une rencontra Dufour à Guaraman, et rapporta à M. de Vedel
une lettre de ce général, disant qu'ayant appris
qu'un corps de cinq à six mille Espagnols avait

pris le chemin des gorges par Linarès, il avait
quitté Baylen, pour le gagner de vitesse et l'empêcher de s'établir sur les derrières des Français.

Les instructions de Dupont prescrivaient,
comme on l'a vu, à M. de Vedel de rejoindre le
général Dufour et de battre l'ennemi. Il quitta
donc Baylen, en informant le général en chef de
son mouvement et en lui disant qu'il attendrait,
dans la nuit du 17 au 18, de nouveaux ordres à
Guaraman.

« .... Je n'ai trouvé personne à Baylen, — écri-
» vait Vedel à Dupont, — le général Dufour en est
» parti à minuit pour se rendre à Guaraman,
» sans laisser personne pour faire connaître son
» motif ; le bruit est qu'un corps de cinq à six
» mille hommes a passé la veille, le Guadalqui-
» vir et a pris le chemin des gorges par Linarès,
» et que le général Dufour est à sa poursuite
» pour le combattre.

» .... Comme les instructions de votre excel-
» lence, — ajoutait Vedel, — portent de faire
» ma jonction avec le corps qui s'était replié
» sur Baylen.... Je partirai.... Pour gagner la
» journée que l'ennemi a sur moi, le battre et
» déjouer ainsi ses projets sur les gorges.... Je
» désire recevoir cette nuit, à Guaraman, des
» ordres de votre excellence. J'en partirai de
» bonne heure..... »

Ces ordres vinrent en effet; ils apportaient
l'approbation de Dupont aux manœuvres de
M. de Vedel.

« .... J'ai reçu votre lettre de Baylen, —est-il dit
» dans la réponse de Dupont, —d'après le mouve-
» ment de l'ennemi, le général Dufour *a très*
» *bien fait de le gagner de vitesse* sur la Caroline
» et Sainte-Hélène, pour occuper la tête des gor-
» ges. Je vois *avec plaisir* que vous vous hâtez
» de vous réunir à lui afin de combattre avec
» avantage si l'ennemi se présente, etc.... »

A minuit, le général Vedel faisait sa jonction
avec Dufour, à Guaraman, l'envoyait à Sainte-
Hélène et se portait lui-même à la Caroline, où
il arrivait le 18, à neuf heures du matin. Là, il
apprit avec certitude, contrairement aux informations qu'il avait reçues de Dufour, que l'ennemi n'avait fait aucun mouvement sur nos derrières; il ordonna alors à ce général de laisser
deux bataillons à Sainte-Hélène, pour garder
cette position, et de venir le rejoindre avec le
reste de ses troupes. Leur réunion ne fut opé-
rée que le 19, à deux heures du matin; trois
heures après, ils se mettaient en marche sur
Guaraman et Baylen, et, à peine en mouvement,
ils entendaient le canon dans la direction d'Andujar. A dix heures du matin, ils arrivaient à
Guaraman (demi-distance de la Caroline à Baylen), et trois quarts d'heure plus tard, ils ces-

saient d'entendre le feu. Prévoyant cependant qu'il aurait bientôt à combattre et voulant faire reposer un peu ses troupes accablées par la fatigue, la faim et la soif, Vedel résolut de faire à Guaraman, une halte, dont il profita pour envoyer une reconnaissance sur Linarès, qu'on lui assurait être occupé par Reding; et, à midi, il partit pour Baylen. Arrivé près des hauteurs de cette ville, il aperçut l'ennemi et se prépara aussitôt à l'attaquer, lorsqu'arrivèrent deux parlementaires envoyés par Reding, lequel le faisait prévenir qu'une suspension d'armes venait d'être conclue entre Dupont et lui. Vedel ne répondit qu'en invitant ces officiers à rejoindre leur général et à lui dire qu'il allait l'attaquer. Il acheva en même temps ses dispositions et envoya à Reding son aide-de-camp, Meunier, avec la mission de s'assurer s'il y avait réellement près de l'ennemi des envoyés de Dupont et de revenir en un quart-d'heure. L'aide-de-camp ne reparaissant pas, il ordonna l'attaque. Déjà il était maître des hauteurs, avait fait quinze cents prisonniers et pris deux pièces de canon ; il allait s'emparer de la position importante de l'Hermitage, lorsque l'aide-de-camp Barberin, du général en chef, lui apporta l'injonction de ne rien entreprendre jusqu'à nouvel ordre, contre l'ennemi (1). Vedel dut

(1) Cette dépêche de Dupont enjoignait à Vedel *de ne point agir jusqu'à nouvel ordre contre l'ennemi. D'après l'ac-*

donc obéir, ne sachant pas d'ailleurs quelle était
la position du général en chef.

Or voici ce qui était arrivé à celui-ci. Reding
s'était porté de Mengibar sur Baylen, pendant
que Vedel, trompé par de faux rapports, le cher-
chait du côté de Linarès, de Guaraman et de la
Caroline. Dupont, informé de ces mouvemens, le
17 au matin, résolut de lever le camp d'Andujar
et de joindre Vedel, avant que Reding n'eût coupé
les communications. Mais au lieu de partir immédiatement le 17 au matin, il ne le fit que dans la
soirée du 18 (1), et, quand il arriva vers Baylen
le 19, à trois heures du matin, il trouva Reding,

*tion de la journée, des propositions avaient été faites entre le
général Reding et le général en chef, qui attendait la réponse
sous peu d'heures. Le général Vedel serait prévenu des conventions qui se feraient.*

(1) « Comment concevoir, — lisons-nous à ce sujet, dans
» les *Mémoires de Savary* (t. III, p. 397, 1828), — que le
» général Dupont ne soit pas parti de suite le 17, au lieu
» de remettre son mouvement au lendemain ? Il était
» beaucoup plus qu'autorisé à se retirer, puisqu'il en avait
» reçu l'ordre de moi. Il était informé de l'état des choses
» derrière lui, et, qui plus est, en supposant qu'il ait
» soupçonné que le général Dufour avait été dupe de
» fausses informations, devait-il ne pas songer qu'en res-
» tant à Andujar, il allait se retrouver dans le même em-
» barras qu'avant d'avoir été rejoint par les deux divi-
» sions que je lui avais envoyées sur ses instances réité-
» rées? Je ne sais quel motif l'a porté à ne partir que le
» lendemain du jour où il reçut le rapport du général
» Vedel, etc. »

qui l'avait prévenu. Il ordonna l'attaque ; mais, trop inférieures en nombre et harassées de fatigues par quinze heures de marche forcée, nos troupes faiblirent, et, après huit heures de combat, Dupont proposa à Reding une suspension d'armes qui fut acceptée. Pendant qu'on traitait, Castanos s'approchait avec le reste de l'armée et Dupont allait ainsi se trouver cerné entre les deux corps ennemis.

Cette position était désavantageuse , sans doute, mais en revanche, le corps espagnol de Reding était dans la même situation entre Vedel et Dupont ; et il est permis de croire que l'avantage eût été au moins long-temps disputé, si ce dernier se fût moins pressé de demander une suspension d'armes. Quoiqu'il en soit, Vedel ne sachant rien de ce qui s'était passé et ignorant la position dans laquelle était Dupont, dut croire, sur l'ordre écrit que lui transmettait l'aide-de-camp Barberin, que l'affaire avait été heureuse et que la convention ne venait qu'à la suite d'une victoire. Ce ne fut, en effet, que le lendemain 20, dans la matinée, que l'aide-de-camp Meunier, revenu de chez Dupont où Reding l'avait fait conduire, apprit à Vedel la position du général en chef.

Meunier avait laissé Dupont dans la plus complète irrésolution, ne sachant s'il devait reprendre l'offensive, ou si, abandonnant tout espoir pour lui-même, il devait permettre à Vedel de se re-

tirer sur Madrid ; flottant entre ces deux partis,
il se borna à enjoindre à Vedel de ne rien entreprendre et de garder ses positions. Celui-ci lui fit
proposer de rompre la trève et d'attaquer l'ennemi, lui disant qu'ils pouvaient, en combinant leurs
attaques, opérer leur jonction et rester maîtres
de leurs mouvemens. Ce fut en vain : Dupont re-
fusant de courir la chance d'un nouveau combat,
envoya à Vedel l'ordre de restituer à l'ennemi
tout ce qu'il lui avait pris et lui fit dire d'opérer
sa retraite sur la Sierra-Morena. Vedel com-
mença son mouvement ; mais un nouvel ordre
vint, le soir même, lui enjoindre de le suspen-
dre ; toutefois, son mouvement étant déjà trop
avancé, le général le continua jusqu'à la Caroline, où il arriva le 21, vers midi. Là, il reçut de
nouveau l'ordre écrit de *s'arrêter partout où il
serait*(1), attendu qu'il était compris dans le traité

(1) Cet ordre fut apporté par le général Legendre, chef
d'état-major du corps d'armée. Reding, n'ayant aucun
moyen de s'opposer à la retraite des divisions Vedel et
Dufour, avait imaginé celui-ci : il déclara à Dupont que,
si ces divisions ne venaient pas exécuter les conditions de
la capitulation dans laquelle l'intention de Castanos avait
été de les comprendre, il n'exécuterait point cette même
capitulation en ce qui concernait la division Barbou, et
qu'il la traiterait avec toute la sévérité des représailles.

« On était véritablement dans la veine des sottises,—dit
» le duc de Rovigo (*Mémoires*, t. III, p. 412) : — cette me-
» nace fit peur (on rougirait d'avouer pourquoi), au point
» que l'on envoya le général Legendre, qui était le chef

qui venait d'être conclu. Cet ordre avait dû être
écrit le 21 de grand matin, et cependant la capitulation n'est que du 22. Ignorant donc ce qui s'était
passé, ne sachant rien des conditions proposées,

» d'état-major du corps d'armée courir après les deux
» divisions de Vedel et de Dufour, pour les ramener. Il
» ne put les rejoindre qu'à quatre lieues au-delà de la Ca-
» roline, et, sans dire autre chose à ces deux généraux,
» sinon qu'ils étaient compris dans une capitulation d'é-
» vacuation qui avait été signée entre le général Dupont
» et le général Castanos, il leur ORDONNA, de la part du
» général Dupont, de ramener leurs divisions, les gron-
» dant même d'être partis du champ de bataille sans or-
» dre, et d'avoir ainsi compromis la vie des soldats de la
» division Barbou. Le général Legendre se garda bien de
» dire à ces deux généraux qu'il venait les chercher pour
» leur faire mettre bas les armes, quoique lui-même eût
» déjà fait procéder au désarmement de la division Bar-
» bou, avant de venir chercher Vedel et Dufour, qu'il
» abusait ainsi sciemment.

» On a blâmé ces deux généraux d'avoir obéi ; je doute
» qu'à leur place on eût osé ne pas le faire. Etaient-ils
» autorisés à soupçonner un piége dans ce que leur disait
» le chef d'état-major du corps d'armée au nom de leur
» général en chef? Non : si l'on admettait ce principe, il
» en résulterait les plus grands inconvéniens à la guerre,
» où l'on n'a le plus souvent que des jeunes gens pour por-
» ter les ordres des généraux. Devra-t-on les croire lors-
» qu'on ne les connaîtra pas personnellement, si l'on doit
» douter de la véracité du chef d'état-major du corps
» d'armée, qui vous porte lui-même un ordre du général
» en chef, surtout quand il a soin de ne pas vous dire que
» c'est pour vous livrer aux ennemis ? »

et placé d'ailleurs sous la terrible exigence de l'article 9 du code pénal militaire (1), le général Vedel, malgré les vifs sentimens d'honneur qui combattaient en lui le devoir de l'obéissance, dut se soumettre. Il revint donc sur ses pas, et le sacrifice fut consommé....

(1) *Extrait du Code pénal, du 21 brumaire an V.*

TITRE VIII.

DE L'INSUBORDINATION.

Article IX.

» Tout militaire ou autre individu attaché à l'armée,
» qui étant commandé pour marcher ou donner contre
» l'ennemi, ou pour tout autre service ordonné par le
» chef, en présence de l'ennemi et dans une affaire, aura
» formellement refusé d'obéir, sera puni de mort. »

Cette malheureuse affaire de Baylen fit ressortir les inconvéniens attachés à cette disposition du code pénal militaire et détermina le décret du 1 mai 1812, qui porte, entre autres dispositions :

Article Premier.

» Il est défendu à tout général, à tout commandant
» d'une troupe armée, quel que soit son grade, de traiter
» en rase campagne d'aucune capitulation par écrit ou
» verbale.

Article II.

» Toute capitulation de ce genre, dont le résultat au-
» rait été de faire poser les armes, est déclarée déshono-
» rante et criminelle, et sera punie de mort. Il en sera de
» même de toute autre capitulation, si le général ou com-
» mandant n'a pas fait tout ce que lui prescrivaient le de-
» voir et l'honneur. . . . . »

Dans le récit que nous venons de faire de cette déplorable affaire de Baylen, nous nous sommes borné à exposer les faits ; abordons maintenant les principaux reproches qui ont été adressés au général Vedel. — Le reproche capital formulé contre cet officier-général par son chef le lieutenant-général comte Dupont, est de s'être, le 15 juillet, porté de Baylen à Andujar, avec toute sa brigade, tandis qu'il ne l'y avait appelé qu'avec quelques bataillons. Ce reproche tombe de lui-même, puisque le mouvement de Vedel ne fut fait que du consentement de Dupont ; en effet, Vedel fit connaître ce mouvement à son chef et si Dupont ne l'eût approuvé, il lui était facile d'arrêter son lieutenant en lui donnant contre-ordre en route et par conséquent de lui faire occuper Mengibar, au lieu de le laisser venir jusqu'à Baylen ; au surplus, comme on l'a vu, Vedel avait laissé à Mengibar l'une de ces brigades, sous le commandement de Ligier-Bélair, et de plus, le général Gobert se trouvait à Baylen prêt à se porter au besoin sur Mengibar, ce qui eut lieu.

On a dit aussi *que le général Cassagne se trouvait muni des pleins pouvoirs du général Vedel, pour adhérer à la capitulation qui se négociait.* C'est là une erreur formelle : lorsque Vedel apprit la capitulation, on la lui annonça comme *signée* déjà ; il n'expédia donc le général Cassagne vers Dupont que pour connaître le sort qu'on réservait à sa division, ce que, d'ailleurs, on lui laissa même positivement ignorer.

Mais, ajoute-t-on, le général Vedel ne devait pas, à son retour à Baylen, obéir au général Dupont, il devait méconnaître l'autorité d'un chef qui avait cessé d'être libre, il ne devait pas reconnaître la trêve, il eût dû continuer de combattre et ne pas rendre les prisonniers, les drapeaux et les canons qu'il avait enlevés à l'ennemi ; enfin, le 21, il devait continuer sa route sur Sainte-Hélène et revenir à Madrid, malgré les ordres de Dupont, malgré les injonctions du général Legendre.

Tels sont les reproches adressés au général Vedel. Eh bien ! nous le disons avec conviction, il n'est aucune de ces raisons qui puissent soutenir l'examen. D'abord, à son arrivée sur le champ de bataille de Baylen, Vedel ignorait que Dupont ne fût pas libre, par conséquent, il ne pouvait se refuser à exécuter les ordres que lui transmettait son chef. — Il ne devait pas cesser de combattre et reconnaître la trêve ! — Mais ne pouvait-il donc supposer, ne devait-il pas même être convaincu que la capitulation qui se préparait était celle de Reding et non celle de Dupont, de Reding cerné par Dupont et lui, tandis que lui, Dupont, ne l'était pas, puisque l'armée de Castanos était encore éloignée de Baylen, et n'avait guère alors dépassé Andujar ? Vedel a donc dû croire, et tout se réunissait pour que sa conviction

fût telle, que c'était Reding qui demandait à traiter ; ce qui devait surtout lui donner cette conviction, c'est que lui, Vedel, avait, quelques jours
auparavant, fait parvenir à Madrid, au duc de
Rovigo, des dépêches de Castanos, par lesquelles ce général (nous tenons ce fait important de
bonne source), annonçait à Savary qu'il lui fallait un prétexte pour déposer les armes, et qu'il
ne recherchait qu'une occasion pour faire reconnaître par ses troupes, l'empereur Joseph.
Lors donc que Dupont fait dire à Vedel de sus-
pendre son feu, de ne plus rien entreprendre
contre l'ennemi, attendu qu'une trève est conclue et que des arrangemens se préparent avec
Castanos le général en chef ennemi, Vedel doit
tout naturellement supposer que la circonstance
désirée par Castanos lui a été offerte, et qu'en
conséquence nous n'aurons bientôt plus d'ennemis à combattre. Telle fut et telle dut être, nous
le répétons, la conviction intime du général Vedel.
C'est qu'en effet, il était difficile, pour ne pas dire
impossible, de supposer que c'était Dupont, libre encore, puisque Castanos n'était pas là et
qu'il pouvait facilement avant son arrivée avoir
opéré, s'il l'eût voulu, sa jonction avec Vedel,
que c'était lui, Dupont, reconnu pour brave par
tous ses compagnons d'armes, qui demandait à
capituler, et non Reding qui se trouvait enve-
loppé, cerné, pressé de toutes parts entre les divisions de Dupont et de Vedel. En vérité, pour

avoir eu une croyance autre que celle que dut
avoir, et qu'eut en effet le général Vedel, il n'aurait pas fallu être Français, et un semblable
sentiment ne pouvait se trouver dans l'âme pleine
de noblesse et d'honneur militaire du brave dont
nous racontons la vie. Nous ne pousserons pas
plus loin une réfutation rendue d'avance inutile
pour quiconque connaît le général Vedel : malgré lui, il fit son devoir, et n'eut d'autre tort que
celui d'avoir eu le courage d'obéir comme il le
devait, et alors même qu'il pouvait présumer
qu'il y aurait avantage pour lui personnellement
à ne pas le faire. — Si donc, il y eut des coupa-
bles dans ce déplorable épisode de notre histoire
militaire, et nous ne nions pas qu'il y en eut,
aucun soupçon ne saurait planer sur le brave Vedel, aucune accusation ne saurait porter atteinte
à sa bravoure de soldat, à sa capacité de général,
ni à sa probité d'homme. Car là, comme partout,
Vedel a payé de sa personne ; là, comme toujours, Vedel sut se montrer digne de sa réputation de soldat intrépide et de chef intelligent ;
il ne revint pas plus riche d'Espagne, bien dif-
férent en cela de beaucoup d'autres qui, s'ils n'y
ont pas toujours trouvé une gloire aussi pure
que lui, y ont dumoins ramassé de la fortune.
—Mais quelles furent les véritables causes de
cette humiliante capitulation (1)?... l'exposé que

(1) « On a fait,— a écrit le duc de Rovigo dans le troisième volume de ses *Mémoires*,— sur cette affaire de Bay-

nous avons donné des faits, en a déjà révélé plusieurs, et nous ne nous sommes d'ailleurs pas
proposé de les dire toutes ici ; nous ne vou-
lons, du reste, accuser personne, et il nous
suffit d'avoir démontré jusqu'à l'évidence qu'aucun reproche fondé ne saurait être imputé au
général Vedel ; là, doit se borner, en ce moment,
notre travail, nous trouverons ailleurs l'occasion
de révéler les causes de ce désastre, et de même
que nous avons su venger un brave d'injustes
reproches, de même nous saurons flétrir sans
crainte ceux qui furent les auteurs de cette atteinte portée à notre gloire militaire.

Quoi qu'il en soit, ce fut ainsi, comme on
le sait, que le général Dupont rendit à l'ennemi un effectif de vingt-un mille hommes d'infanterie, avec quarante pièces de canon et deux
mille quatre cents hommes de cavalerie, c'est-à-

» len, toutes sortes de contes, tant sur la manière dont
» l'action fut engagée et conduite que sur les motifs
» que l'on avait eus d'employer les meilleures troupes à
» une autre destination qu'au combat (*) ; la vérité est
» que les troupes étaient exténuées de fatigues... Une au-
» tre circonstance à ajouter à celle-là, c'est que le géné-
» ral Dupont était malade, et que dans cet état, il n'avait
» pas la moitié de ses facultés. »

(*) On prétend qu'on les employa à la garde des caissons
contenant des objets particuliers appartenant à quelques généraux.

dire le tiers des troupes françaises qui étaient en Espagne. D'après la capitulation, le corps d'armée n'était point considéré comme prisonnier de guerre; il devait être immédiatement transporté en France, par mer, avec ses armes, ses drapeaux et ses bagages. Ces conventions, on le sait, furent violées avec la plus insigne déloyauté. Les soldats français dépouillés, maltraités, assassinés partiellement, furent jetés dans des forteresses et dans des cachots, placés sur les pontons de Cadix ou transportés dans l'île de Cabrera, où la plupart périrent de souffrance, de misère et de faim : les moins malheureux furent ceux qui obtinrent d'être livrés aux Anglais.

A leur retour en France, les généraux Dupont, Marescot, Chabert, Vedel (1), Legendre et le capitaine Villoutreys furent arrêtés par ordre de l'empereur et traduits devant la haute cour de justice ; le comte Regnault de Saint-Jean-d'Angely, grand procureur-général près la haute cour, fut chargé de l'instruction de l'affaire, et s'acquitta de cette mission avec la supériorité de talent qui le caractérisait et une loyauté dont on ne saurait trop faire l'éloge.

Les 3 et 6 février 1809 eut lieu l'interrogatoire du général Dupont ; le 17 du même mois, le grand procureur-général procéda également

(1) Le général Vedel fut arrêté à Marseille, le 14 novembre 1808.

à l'interrogatoire du général Vedel (1). Enfin,
le 10 août 1810, le comte Regnaut adressait à Sa

(1) Un mois après son interrogatoire, le 15 mars 1809,
le général Vedel écrivait, de la maison de l'abbaye, au maréchal duc de Montébello, si bon juge en fait d'honneur
et de bravoure militaire, une lettre que nous nous fai-
sons un devoir de reproduire ici presque entièrement,
parce qu'elle jette une lumière éclatante sur l'affaire de
Baylen, et que son ton de modération et de loyauté militaire honore le général Vedel et montre ce brave
avec toute la dignité et la noblesse de son caractère :

« *A son excellence le duc de Montébello, maréchal de l'empire.*

    » Monseigneur,

    » Malgré que l'intrigue ne cesse de s'agiter contre moi,
» je ne cesse d'espérer en la justice de notre auguste sou-
» verain. Aussi ferme dans mes principes que dans mon
» attachement à sa personne, j'attends tout du temps qui
» doit éclairer ma conduite. Ceux qui ont cherché à me
» nuire, avaient cru trouver en moi moins de fermeté,
» moins de confiance dans mes moyens de justification....
    » Votre excellence doit être convaincue que dans aucune
» circonstance je n'ai manqué ni de zèle, ni de bonne vo-
» lonté pour le service de Sa Majesté, et que si je n'ai pas
» été aussi heureux que je devais l'être dans la campagne
» d'Andalousie, la faute ne peut en être attribuée qu'à la
» fortune, et, peut-être, à l'irrésolution du général en
» chef, qui, non content d'avoir paralysé mes troupes, les
» a entraînées, par des ordres impérieux et positifs dans
» le plus grand des malheurs. S'il s'était borné à agir
» ainsi que le lui commandaient les circonstances, il se
» serait dispensé de me donner des ordres, du moment où

Majesté l'Empereur, son rapport sur la capitulation de Baylen.

» sa position critique le lui prescrivait. Alors, j'aurais agi
» d'après moi-même, et sans doute j'aurais réussi à réta-
» blir la communication entre ses troupes et les miennes;
» peut-être, couvert de gloire, je n'en serais pas réduit
» aujourd'hui à la dure nécessité de rendre compte de ma
» conduite. Je n'aurais pas à gémir sur une détention
» dont je ne pourrai oublier l'adversité qu'autant que
» l'empereur reconnaîtra que je n'ai pas été coupable.....
   » Je venais d'obtenir de grands avantages sur l'armée
» ennemie, trois fois plus forte que ma division, et j'étais
» au moment d'en remporter de plus signalés encore ,
» quand, au lieu de suivre le parti qu'indiquent toutes les
» lois militaires, dans la position où se trouvait le géné-
» ral en chef, je reçus de lui l'ordre de ne rien entre-
» prendre contre l'ennemi, et cela sans me faire connaître
» sa véritable position et en me laissant par conséquent
» croire que c'était l'ennemi qui demandait des arrange-
» mens. Si j'avais pu concevoir le plus léger soupçon sur
» la véritable position des troupes du général en chef,
» j'aurais continué mon attaque et profité des avantages
» que je venais d'obtenir, persuadé que j'aurais été de
» mieux servir Sa Majesté.
   » Ce ne fut que le lendemain que j'appris où en étaient
» le général en chef et ses troupes ; je lui fis alors propo-
» ser de faire un nouvel effort en attaquant l'ennemi des
» deux côtés à-la-fois ; le général en chef me fit dire qu'il
» ne pouvait rien espérer de ses troupes. Je le fis prévenir
» des mouvemens que faisaient les ennemis pour tourner
» ma position. Il m'ordonna de profiter de la nuit pour
» faire ma retraite; le plus difficile était fait, et je crois
» que dans cette même nuit, la majeure partie de ses
» troupes auraient aussi pu effectuer la leur par la mon-

Voici la partie de son rapport consacré à l'examen de la conduite du général Vedel :

« Peut-on imputer à crime au général Vedel

» tagne ; mais il fallait, pour y réussir, faire le sacrifice de
» l'artillerie et des équipages. Quand, le surlendemain du
» jour de l'attaque, je reçus à Sainte-Hélène deux ordres
» impérieux de m'arrêter partout où je serais, attendu
» que mes troupes étaient comprises dans la capitulation
» qui venait d'être conclue, on m'en laissa encore igno-
» rer les conditions ; l'on me fit donc revenir à Guara-
» man, et là, seulement, dans une position où je ne pou-
» vais plus reculer, l'on m'envoya un double de ce traité.
» Cette manière d'agir me parut très irrégulière ; mais
» que pouvais-je faire contre un traité déjà conclu et ar-
» rêté ? Quel changement avantageux pour mes troupes
» avais-je à espérer ?....

» Arrivé en France, l'on a sans doute cru pouvoir faire
» rejaillir sur moi les fautes de cette journée et me rendre
» responsable des évènemens malheureux qui l'ont suivie.
» Si j'ai quelques reproches à me faire, ils consistent *dans*
» *une obéissance peut-être trop passive*, de laquelle j'ai cru
» ne *pouvoir* ni ne *devoir* me dispenser ; le pouvais-je en
» effet, et le général en chef n'est-il pas seul responsable
» des ordres qu'il a donnés ?...

» Les reproches qui me sont faits dans le premier rap-
» port que j'ai vu de cette affaire paraissent peser sur une
» trop longue halte à Guaraman. Avant d'arriver à ce vil-
» lage, j'appris qu'un corps ennemi s'était montré à Lina-
» rès ; j'y envoyai une reconnaissance et je fis faire halte
» à mes troupes, en avant de Guaraman ; elles en avaient
» besoin ; au bout d'une demi-heure, trois quarts-d'heure
» au plus, le feu cessa. Le feu ayant cessé, je crus pou-
» voir attendre, sans inconvénient, le retour de la recon-
» naissance que j'avais envoyée sur Linarès, avant de

» d'avoir cessé de combattre le 19, sur l'ordre
» de son général en chef?

» Peut-on lui imputer à crime d'avoir, d'après

» prendre la route de Baylen, d'autant plus que ce retard
» ne pouvait être long. Si, comme il était probable, un
» corps ennemi avait occupé cette position, devais-je ha-
» sarder un mouvement sans avoir mis les derrières à l'a-
» bri de toute insulte et laisser ainsi couper la retraite à
» l'armée. Il est bien prouvé que, même sans faire halte à
» Guaraman, je ne pouvais arriver à Baylen avant la fin
» du combat, ni empêcher le général en chef de faire sa
» trêve, puisqu'il n'y avait pas plus de trois quarts-d'heure
» que j'étais à Guaraman quand le feu cessa et que là, je
» n'étais qu'à mi-chemin de la Caroline à Baylen ; que,
» tout calcul fait de la distance que j'avais à parcourir, et
» du temps qu'il me fallait pour arriver à Baylen, l'on peut
» facilement juger que je ne pouvais y être rendu avant
» la fin du combat. Il est bien évident que cela n'était pas
» en mon pouvoir. C'est donc à d'autres circonstances que
» l'on doit attribuer le malheur de cette journée. L'une
» d'elles, est le retard de vingt-quatre heures, sans but
» apparent, de la levée du camp d'Andujar, et aussi, la
» manière incroyable dont les troupes se sont trouvées
» forcées de combattre les unes après les autres, au point
» que l'ennemi n'a jamais eu deux mille hommes réunis
» en sa présence ; cependant, un peu plus de résolution
» lors de mon attaque aurait pu tout réparer, les troupes
» du général en chef auraient pu faire dans ce moment un
» dernier effort ; mais jugeant probablement mes trou-
» pes par celles qui venaient de combattre sous lui, le
» général en chef n'a sans doute pu se persuader que
» j'eusse pu réussir contre des forces aussi supérieures et
» qui venaient de le vaincre....

» le même ordre, rendu des prisonniers, des
» canons enlevés par ses soldats?

» Peut-on lui imputer à crime d'avoir consenti
» à s'associer à la honte d'une défaite qu'il n'a-
» vait pas partagée, et d'être revenu de Sainte-
» Hélène pour mettre bas les armes ?

» Il s'excuse et se *justifie* en alléguant les
» droits de l'autorité, les devoirs de la subordi-

» Votre excellence, connaissant mon caractère, sentira
» facilement que dans mon interrogatoire, je n'ai pu, ni
» dû rien dire qui fût dans le cas de tourner à la charge
» de qui que ce soit ; j'ai seulement rendu compte de ma
» conduite personnelle, parce que c'était sur cela que
» portaient les questions. Je n'ai pas dû aller au-delà,
» ni donner sur autrui des explications qui ne m'étaient
» pas demandées. Se pourrait-il que cette délicatesse et
» cette réserve me fussent nuisibles ? Je ne dois pas le
» craindre ; ma manière de voir m'aurait prescrit, dans
» tous les cas, plus de générosité que l'on n'en a mis à
» mon égard. . . . .
» ..... En rappelant à votre excellence les campagnes
» que j'ai eu le bonheur de faire sous ses ordres, j'oserai
» aussi lui témoigner combien il me peine d'en voir une
» nouvelle qui se prépare, et dans un lieu où j'ai eu tant
» de preuves de ses bontés, sans être assez heureux pour
» y être appelé : ces souvenirs, monseigneur, en aug-
» mentant ma reconnaissance, me font sentir plus vive-
» ment l'état affreux de ma captivité. . . . . . .
» Je suis, Monseigneur, de votre excellence,

» Le très humble et très obéissant serviteur,

» LE GÉNÉRAL DE DIVISION, COMTE DE VEDEL. »

» nation, et compte au nombre de ses sacrifices
» la résignation de son obéissance.

» Je pense donc *qu'il ne peut être compris dans*
» *aucune accusation.* »

Cependant cette affaire devait se conclure sans débats judiciaires. Le prince archi-chancelier (Cambacérès), dans un rapport très détaillé adressé à l'empereur, après avoir admis la compétence légale de la haute cour, démontra que sa convocation était impraticable, parce qu'il n'existait pas encore de législation qui en réglât entièrement l'organisation et l'action; et il conclut à ce qu'il fût ordonné un conseil d'enquête, composé des grands personnages de l'état, lesquels, après avoir entendu les réquisitoires du grand procureur-général et la défense des accusés, ne rendraient pas de jugement, mais soumettraient à l'empereur, un avis, d'après lequel Sa Majesté serait à même de prononcer en connaissance de cause.

Enfin, le 12 février 1812, l'empereur rendit un décret constitutif d'un conseil d'enquête, pour donner son avis sur la capitulation de Baylen (1).

(1) Ce conseil, présidé par le prince archi-chancelier Cambacérès, était composé de :

Le prince de Neufchâtel, vice-connétable ;

Le prince de Bénévent, vice-grand-électeur ;

Le duc de Massa, grand-juge, ministre de la justice ;

Le duc de Feltre, ministre de la guerre ;

Le grand procureur-général se fit entendre : l'accusation, relativement au général Vedel, se résuma ainsi :

Le général de division, *Dominique-Honoré-Antoine* DE VEDEL, commandeur de la Légion-d'Honneur, comte de l'empire, est accusé de complicité : *pour avoir reconnu l'autorité d'un chef qui n'avait plus qualité pour lui donner des ordres, puisqu'il avait consenti une trève et n'était plus libre ; pour avoir reconnu la trève en cessant de combattre, rendu les prisonniers et le butin qu'il avait faits ; et, enfin, pour n'avoir pas continué le* 21 *sa route sur Sainte-Hélène et Madrid, et avoir obéi aux ordres des généraux Dupont et Legendre, qu'il ne devait plus reconnaître.*

Toutefois, le grand procureur-général, recon-

Le comte de Cessac, ministre de l'administration de la guerre ;

Le maréchal duc de Conégliano ;

Le maréchal duc d'Istrie ;

Le comte de Lacépède, grand chancelier de la Légion-d'Honneur et président du sénat ;

Le comte Dejean, premier inspecteur du génie et grand trésorier de la Légion-d'Honneur ;

Le comte de Laplace, chancelier du sénat ;

Le comte de Fermon ;

Le comte Boulay ;

Le comte Andréossy ;

Le comte Gantheaume ;

Le comte Muraire.

naissant que si le général Vedel avait commis des fautes, ces fautes n'étaient que des fautes militaires, desquelles, au surplus, l'accusé se défendait par des lettres du général Dupont, déclara que, dans son opinion, ces fautes, qui pouvaient être jugées par l'opinion, n'étaient pas soumises à la loi, qu'elles pouvaient motiver des reproches, une réprimande, mais non une peine. « Toutefois, ajoutait-il, je ne puis
» rayer son nom de la liste fatale des complices;
» car, s'il fut étranger à la capitulation jusqu'au
» moment où, égaré par les assertions trompeu-
» ses contenues dans les lettres du 21, que lui
» adressaient les généraux Dupont et Legendre,
» il s'associa à leur coupable faiblesse et sacrifia
» sa division entière. »

A ces faits, et sans chercher à les atténuer en rien, le général Vedel opposait avec toute raison, le terrible article 9, que nous avons cité, allé-guant d'ailleurs, avec non moins de vérité, l'i-gnorance où il était de la position dans laquelle se trouvait Dupont lorsque ce général lui adres-sait l'ordre d'interrompre sa retraite et de re-venir sur ses pas.

Nous reproduirons les explications données par le général, le 22 février 1812, aux membres du conseil d'enquête; elles sont remarquables de concision, pleines de noblesse et de di-gnité :

4

« Messeigneurs,

» Il ne sied pas à un accusé de commencer par une
» apologie : j'oserai dire pourtant que mon nom et le mot
» trahison doivent paraître discordant à tout le monde.
» Servir mon souverain avec honneur et dévouement, fut
» mon premier devoir. Je l'ai rempli. Un autre devoir
» m'est imposé aujourd'hui, celui de m'expliquer avec
» franchise et vérité. Un soldat serait plus coupable qu'un
» autre, même pour défendre sa vie, de manquer à ce-
» lui-là. Je promets sur l'honneur que je vais le remplir.
» Sur le premier fait, j'ai l'honneur de vous répéter,
» messeigneurs, ce que j'ai déclaré déjà, qu'au moment
» où j'ai reçu l'ordre du général en chef, de ne point agir
» jusqu'à nouvel ordre contre l'ennemi, ainsi que le por-
» tait sa lettre du 19 juillet, je ne connaissais ni sa posi-
» tion, ni celle de ses troupes : c'était mon général, il me
» donnait un ordre ; je devais, selon toutes les lois de la
» discipline militaire, obéir. J'ai obéi.
» Sur le second fait, je réponds, que par suite de la let-
» tre précitée du général en chef, j'ai dû nécessairement
» cesser de combattre le 19 ; ayant l'intention d'entre-
» prendre un mouvement rétrograde, et prévoyant que
» les prisonniers embarrasseraient ma marche, j'ai trouvé
» dans cette considération une raison de plus d'obéir,
» comme la discipline d'ailleurs l'exigeait, aux ordres du
» général en chef, consignés dans sa lettre du 20.
» Sur le troisième fait, je déclare enfin qu'aussitôt après
» la réception de l'ordre que me donnait le général en
» chef de nous arrêter, moi et mes troupes, partout où cet
» ordre me trouverait, combattu entre ce que je regar-
» dais comme le devoir d'obéir, et cet instinct d'honneur
» naturel aux militaires français, qui me faisait éprouver
» un sentiment vraiment cruel, en me considérant comme

» forcé de céder à l'ennemi, je convoquai les officiers-
» généraux et supérieurs pour avoir leurs avis ; ils étaient,
» je crois, vingt-quatre. Vingt opinèrent pour l'obéis-
» sance, quatre seulement différèrent d'opinion. Il n'existe
» pas de loi, ou du moins je n'en connais pas, qui per-
» mette à un général de division de ne pas obéir à son gé-
» néral en chef. Mes officiers étaient loin, comme on le
» voit, d'autoriser ma rébellion aux ordres du général. Je
» me résignai donc à regret, j'en conviens, mais avec la
» conviction profonde que je me rendrais coupable si j'en
» agissais autrement, et que je serais même sans excuse
» si, pour surcroit de malheur, l'évènement prononçait
» contre moi ; je n'ai point fait dresser de procès-verbal,
» il est vrai, mais je ne serai pas démenti par mes compa-
» gnons d'armes. J'aurais dressé des procès-verbaux si la
» décision des officiers supérieurs avait été résolue pour la
» désobéissance, ils m'auraient semblé nécessaires alors
» pour expliquer ma conduite.

» Voilà, messeigneurs, tout ce que j'ai à dire pour ma
» justification. C'est le langage simple et naïf d'un mili-
» taire incapable, non seulement de trahir la confiance de
» son souverain, pour qui toujours il fut prêt à verser
» jusqu'à la dernière goutte de son sang, mais incapable
» *même* de trahir la vérité. Je n'ajouterai plus qu'une seule
» réflexion générale : j'ai bien servi, j'ai été couvert de
» grâces, je serais plus coupable qu'un autre d'avoir menti
» à mes affections et à mes devoirs. Je n'ai plus ni vœux
» à former, ni craintes à éprouver, puisque c'est vous,
» messeigneurs, qui serez mes juges. »

Après avoir entendu les accusés, le conseil
d'enquête, sur les conclusions du comte Regnaud
de Saint-Jean-d'Angely, s'assembla, et chacun
de ses membres émit son avis sur les accusés.

Nous allons reproduire des extraits de quelques-unes de ces opinions, relatives au général Vedel.

1° LE COMTE MURAIRE. « Il est extraordinaire et inso-
» lite qu'une capitulation intervienne entre deux armées
» en présence, en pleine campagne et sur le même ter-
» rain. La capitulation d'une ville assiégée peut être né-
» cessaire et même glorieuse ; mais celle d'une armée en
» pleine campagne n'a pas les mêmes excuses... »

Le comte Muraire entre ici dans de longs détails pour le prouver.

« ..... En vain, dit-il enfin, le général Dupont, en ré-
» criminant, veut rejeter les torts sur le général Vedel,
» qu'il accuse de désobéissance. Dupont était général en
» chef, il avait en main tous les pouvoirs : toute la res-
» ponsabilité pèse donc sur sa tête. Et cependant, loin
» d'avoir puni le général Vedel de sa première désobéis-
» sance (sur laquelle il se fonde aujourd'hui pour l'accu-
» ser), on ne voit pas même qu'il ait blâmé et désap-
» prouvé sa conduite, soit lorsque ce général quitta le
» poste de Mengibar pour se rendre à Andujar, le 15 juil-
» let, soit lorsque le 17, il quitta Baylen pour aller join-
» dre le général Dufour, qui était parti le matin du même
» jour. Le comte Dupont avait, au contraire, approuvé
» tous ces mouvemens.
» En écartant les reproches que le général Dupont ne
» cesse d'adresser au général Vedel, pour déverser sur
» lui tous les torts, reproches qui ne portent que sur des
» faits de discipline militaire, et ne nous en tenant qu'à
» ce qui appartient aux attributions uniquement relatives

» à la capitulation, il demeure certain *que le général Vedel*
» *n'y a pris aucune part, qu'il ne fut pas appelé au conseil*
» *de guerre où elle fut résolue, qu'il n'etait pas là.*

» Seulement, il s'y est soumis, en obéissant à l'ordre
» qu'il reçut du général Dupont, de s'arrêter et de reve-
» nir sur ses pas, lorsque le 21, à midi, il était déjà à
» Sainte-Hélène. Mais en cela, il n'est reprochable que de
» s'être cru lié par le devoir de l'obéissance. »

En conséquence, l'opinion du comte muraire est :
» . . . .
» Quant au général Vedel ;
» Qu'à raison de ce qu'il n'a eu aucune part à la capi-
» tulation, qu'il est seulement reprochable d'avoir obéi à
» l'ordre du général Dupont, qui, le 21 juillet, l'arrêta à
» Sainte-Hélène et le fit revenir sur ses pas, il soit recom-
» mandé à la clémence de l'empereur. »

2° Le comte de Fermon : — après avoir déve-
loppé des opinions analogues à celles du précé-
dent, il termine en disant :

« .... Je suis convaincu que le général Vedel n'a eu au-
» cune part aux demandes d'armistice et de capitulation,
» ni à la rédaction des conditions de cet acte, qu'il n'a
» rien fait pour son exécution et qu'il n'a qu'obéi aux or-
» dres de son général en chef.
» Je suis donc d'avis qu'il n'y a lieu *contre lui à aucune*
» *accusation.* »

3° Le maréchal duc d'Istrie. « .... Le général
» Vedel est étranger à la capitulation de Baylen. Il a
» exécuté les ordres qu'il a reçus. Je ne puis établir en
» principe qu'il a mal fait d'obéir : le général Dupont
» avait repris sur lui toute son autorité de général en

» chef, le 19 au soir, lorsqu'il fut rejoint.par le général
» Vedel. Et, puisqu'on reconnaît que le général Dupont
» devait être obéi lorsqu'il donna l'ordre au général Vedel
» de ne plus combattre, il devait l'être également quand
» il lui donna l'ordre de reconnaître la capitulation.

» Je demande au conseil de solliciter toute la clémence
» de l'empereur en faveur du général Vedel. »

4o LE MARÉCHAL DUC DE CONÉGLIANO. « .... Si le gé-
» néral Vedel ignorait que le général en chef était à la
» merci de l'ennemi, il est excusable de lui avoir obéi.
» Mon vœu est que, n'ayant pas pris part à la capitulation
» de Baylen, il soit recommandé à la clémence de l'em-
» pereur. »

5· LE COMTE DE CESSAC. « ..... Je recommande le gé-
» néral Vedel à la clémence de l'empereur, parce qu'il
» s'est cru lié par la subordination. »

6o LE PRINCE DE NEUFCHATEL. « .... Le général Vedel
» a cru devoir se soumettre aux lois de la discipline mili-
» taire ; il n'a eu aucune part à la capitulation. J'invoque
» en sa faveur les bontés de Sa Majesté. »

7o LE PRINCE ARCHI-CHANCELIER CAMBACÉRÈS. « ... Les
» généraux Vedel et Chabert ont en leur faveur la né-
» cessité où ils ont été d'obéir à leur général en chef. Mon
» vœu est qu'ils soient recommandés à la clémence de Sa
» Majesté. »

La commission d'enquête, unanime sur la cul-
pabilité du général Dupont, recommanda dans
sa délibération, le général Vedel à la clémence
de l'empereur. Celui-ci, irrité qu'il était du premier désastre que ses armées eussent subi, pro-
nonça contre ce général la destitution de son

grade, la radiation du catalogue de la Légion-
d'Honneur et l'exil à quarante lieues de Paris,
lui laissant toutefois le choix du lieu de son exil
et lui conservant son titre de comte (1). Le décret
qui prononçait cette peine, est daté du 1" mars
1812. Mais, dès l'année suivante, l'empereur re-
leva honorablement le général Vedel de sa
destitution (2) et l'appela au commandement

(1) Quant au général Dupont, voici l'article du décret
impérial qui lui est relatif :

« Le général de division, *Pierre* DUPONT, est destitué
» de ses grades militaires. Les décorations qui lui avaient
» été accordées lui sont retirées ; son nom sera rayé du
» catalogue de la Légion-d'Honneur. Il lui est fait expres-
» sément exhibition et défense de porter à l'avenir l'ha-
» bit militaire, de prendre le titre de comte et de faire
» usage des armoiries que nous avons attachées à ce titre.
» Les dotations qu'il tenait de notre munificence seront
» mises sous le sequestre. Il sera transféré dans une pri-
» son d'état pour y être détenu jusqu'à nouvel ordre. »

Le général Dupont ne fut rendu à la liberté qu'à l'é-
poque de la première restauration.

(2) *Décret impérial du* 11 *décembre* 1813.

« Napoléon, etc.,
» Sur le rapport de notre ministre de la guerre, avons
» décrété et décrétons ce qui suit :
» L'ex-général de division VEDEL est relevé de sa des-
» titution et remis en activité.
» Notre ministre de la guerre est chargé de l'exécution
» du présent décret.

» Signé : NAPOLÉON. »

d'une division de l'armée de réserve d'Italie (1).

En 1814, détaché avec quatre mille hommes pour défendre le passage de la Drôme, le général Vedel eut, à Romans, un vif engagement avec l'armée autrichienne.

Après les évènemens de 1814, le général Vedel fut nommé chevalier de Saint-Louis, puis, successivement, inspecteur-général dans la huitième division militaire et commandant en second de la quatorzième division, à Cherbourg.

Après le 20 mars 1815, il reçut le comman-

(1) *Le Ministre de la guerre à M. le général de division Vedel, à Auxerre.*

Paris, le 24 décembre 1813.

« Général, j'ai eu l'honneur de vous prévenir, par une
» lettre du 13 de ce mois, que l'empereur avait bien voulu
» vous remettre en activité, et que l'intention de Sa Ma-
» jesté était que vous prissiez le commandement d'une
» des divisions de l'armée de réserve d'Italie, qui se réu-
» nit à Turin. Il vous renouvelle l'ordre de ne pas diffé-
» rer de vous rendre près de Son Altesse Impériale le
» prince gouverneur-général des départemens au-delà
» des Alpes. Vous voudrez bien m'informer de votre dé-
» part, afin que je puisse en rendre compte à Sa Majesté.

» Recevez, général, l'assurance de ma parfaite consi-
» dération.

» Le Ministre de la guerre,

» *Signé* : DUC DE FELTRE. »

Lettres de service.

« Napoléon, etc.

» Ayant à nommer un général de division pour être

dement de cette même division (la quatorzième).
Dans cette position, il rendit de nouveaux services, en calmant l'effervescence des esprits,
prévenant, par sa prudence et sa fermeté, la
guerre civile qui menaçait d'éclater, et conservant à la France la ville et le port de Cherbourg
qui devaient être livrés aux Anglais.

Privé, lors de la restauration, de son majorat
en Westphalie, le comte de Vedel fut, en outre,
mis à la demi-solde. Compris ensuite dans l'or-
donnance de retraite de 1824, il fut, après la révolution de 1830, placé dans le cadre de réserve
où il se trouve encore aujourd'hui.

Le général Vedel a épousé Mademoiselle Pau-
line Carlier, dont le père, qui fit partie de l'armée
de Condé, est mort dans l'émigration.

E. PASCALLET.

» employé en cette qualité à la deuxième division de
» l'armée de réserve d'Italie, a fait choix de M. le général
» de division Vedel.—Il est en conséquence ordonné, etc.

» Fait à Paris, le 7 janvier 1814.

» Pour l'Empereur,

» *Le Ministre de la guerre*, DUC DE FELTRE. »

DES
AMELIORATIONS A APPORTER
AU MODE DE
TRANSPORT DES ANIMAUX
PAR LES CHEMINS DE FER

PAR

Auguste Zundel

vétérinaire à Mulhouse, secrétaire de la Société vétérinaire d'Alsace,
membre correspondant de la Société impériale et centrale de médecine vétérinaire,
de plusieurs sociétés vétérinaires, agricoles, etc.
Secrétaire général du comice agricole de Mulhouse, membre fondateur de la Société des
agriculteurs de France, membre de la société protectrice
des animaux, etc., etc.

---

*Mémoire honoré d'une médaille d'argent
de deux cents francs par la société protectrice des
animaux à Lyon, qui avait mis ce sujet
au concours de 1867.*

PARIS
LIBRAIRIE AGRICOLE DE LA MAISON RUSTIQUE
26, rue Jacob, 26.

1870